LOIS ET DÉCRETS

CONCERNANT L'IMPOT

SUR LES ALLUMETTES CHIMIQUES

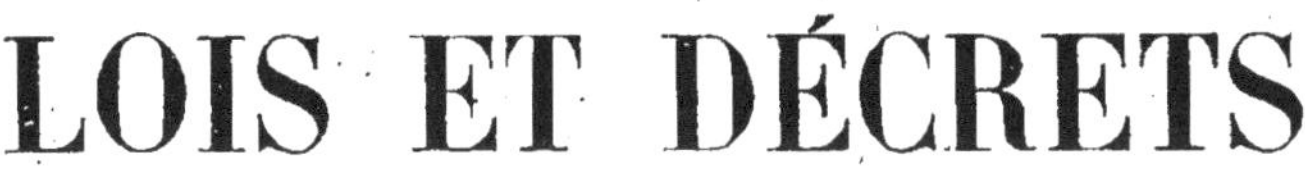

PARIS

IMPRIMERIE CENTRALE DES CHEMINS DE FER

A. CHAIX ET Cie

RUE BERGÈRE, 20, PRÈS DU BOULEVARD MONTMARTRE

1878

LOIS ET DÉCRETS

CONCERNANT L'IMPOT

SUR LES ALLUMETTES CHIMIQUES

PARIS

IMPRIMERIE CENTRALE DES CHEMINS DE FER

A. CHAIX ET Cie

RUE BERGÈRE, 20, PRÈS DU BOULEVARD MONTMARTRE

1878

TABLE DES MATIÈRES

Pages

LOIS ET DÉCRETS

CONCERNANT L'IMPOT

SUR LES ALLUMETTES CHIMIQUES

LOI

PORTANT AUGMENTATION DES IMPOTS CONCERNANT LES CONTRIBUTIONS INDIRECTES

Du 4 septembre 1871.

(Promulguée au *Journal officiel* du 16 septembre 1871.)

L'Assemblée nationale a adopté,

Le Président de la République française promulgue la loi dont la teneur suit :

Art. 1er. — Le prix des tabacs dits *de cantine*, dont la vente a été autorisée par la loi du 28 avril 1816, ne pourra pas excéder deux francs cinquante centimes, quatre francs et six francs chez les débitants, suivant les zones auxquelles ils appartiendront.

Un règlement d'administration publique déterminera l'étendue et la délimitation des nouvelles zones.

Art. 2. — La régie est autorisée à fabriquer de nouvelles qualités de tabacs supérieurs à priser, à fumer et à mâcher, dont les prix seront fixés conformément à l'article 177 de la loi du 28 avril 1816.

Art. 3. — Il sera perçu par la régie des contributions

indirectes, sur les allumettes chimiques fabriquées en France ou importées, quelles qu'en soient la forme et la dimension, un droit fixé comme suit, décimes compris :

ALLUMETTES EN BOIS.

Boîtes ou paquets de cinquante allumettes et au-dessous, un centime cinq millimes. (Par boîte ou paquet.)

Boîtes ou paquets de cinquante et une à cent allumettes, trois centimes. (Par boîte ou paquet.)

Boîtes ou paquets renfermant plus de cent allumettes, trois centimes. (Par centaine ou fraction de centaine.)

ALLUMETTES EN CIRE, EN AMADOU, EN PAPIER, EN TISSU, ET TOUTES AUTRES QUE LES ALLUMETTES EN BOIS.

Boîtes ou paquets de cinquante allumettes et au-dessous, cinq centimes. (Par boîte ou paquet.)

Boîtes ou paquets de cinquante et une à cent allumettes, dix centimes. (Par boîte ou paquet.)

Boîtes ou paquets renfermant plus de cent allumettes, dix centimes. (Par centaine ou fraction de centaine.)

Ces droits seront perçus, indépendamment des taxes de douanes, sur les allumettes importées de l'étranger.

Sont considérés comme allumettes chimiques passibles de l'impôt tous les objets quelconques amorcés ou préparés de manière à pouvoir s'enflammer ou produire du feu, par frottement ou par tout moyen autre que le contact direct avec une matière en combustion.

Les allumettes disposées de manière à pouvoir s'enflammer ou à prendre feu plusieurs fois seront taxées proportionnellement au nombre de leurs amorces. Les allumettes exportées seront affranchies de l'impôt.

ART. 4. — Le droit sur les allumettes chimiques fabriquées en France sera assuré au moyen de l'exercice des fabriques et des débits par les employés des contributions indirectes.

Les allumettes chimiques fabriquées à l'intérieur ou importées ne pourront circuler ou être mises en vente qu'en boîtes ou paquets fermés et revêtus d'une vignette timbrée constatant la perception du droit.

Art. 5. — Dans les trois jours de la promulgation de la présente loi, les fabricants d'allumettes chimiques seront tenus de faire la déclaration de leur industrie dans un bureau de la régie et de désigner les espèces et quantités d'allumettes qu'ils auront en leur possession. Ces quantités seront passibles de l'impôt.

Une déclaration devra être également faite, dans un délai de dix jours avant le commencement des travaux, par les fabricants nouveaux.

Toute fabrication sans déclaration sera punie d'une amende de cent francs à mille francs, sans préjudice de la confiscation des objets saisis et du remboursement du droit fraudé.

Toute autre contravention soit du fabricant, soit du débitant, sera punie d'une amende de cent francs à mille francs, sans préjudice de la confiscation des objets saisis et du remboursement du droit fraudé.

Art. 6. — La racine de chicorée préparée est soumise à un droit de fabrication de trente centimes par kilogramme, décimes compris.

Les dispositions de l'article 4 de la présente loi sont applicables à la constatation du droit sur la chicorée, ainsi qu'à la vente et à la circulation de ce produit.

Sont également applicables à la fabrication de la chicorée préparée les dispositions de l'article 5, et notamment les dispositions pénales.

La chicorée exportée sera affranchie des droits.

Art. 7. — Il est établi un droit de fabrication sur les papiers de toute sorte, papiers à écrire, à imprimer et à dessiner, papiers d'enveloppe et d'emballage, papiers cartons, papiers de tenture et tous autres.

Ce droit, dont la perception s'effectuera à l'enlèvement ou par la voie d'abonnement annuel, réglé de gré à gré entre la régie et les fabricants, est fixé ainsi qu'il suit, décimes compris :

1° Papiers à cigarettes, papiers soie, papiers pelure, papiers parchemin blancs et similaires;

Papiers à lettres de toute espèce et de tout format, quinze francs les cent kilogrammes;

2° Papiers à écrire, à imprimer, à dessiner, papiers pour musique et assimilables;

Papiers blancs de tenture, papiers coloriés et marbrés pour reliure et assimilables, dix francs les cent kilogrammes;

3° Cartons, papiers-cartons, papiers d'enveloppe et de tenture ou à pâte de couleurs, papiers d'emballage, papiers buvards et tous similaires, cinq francs les cent kilogrammes.

Les mêmes droits seront perçus, en sus de ceux des douanes, sur les papiers importés de l'étranger.

Les papiers et les objets confectionnés en papier, destinés à l'exportation, seront affranchis du droit.

Les dispositions des articles 4 et 5 sont applicables aux fabricants de papier.

Le papier employé à l'impression des journaux et autres publications périodiques, assujetties au cautionnement, est, en outre, soumis à un droit de vingt francs par cent kilogrammes.

Art. 8. — Sont applicables aux visites et exercices des employés des contributions indirectes dans les fabriques d'allumettes, de chicorée et de papier, ainsi que dans les imprimeries des journaux et autres publications périodiques, les dispositions énoncées aux articles 235, 236, 237, 238, 245 de la loi du 28 avril 1816.

Les contraventions aux dispositions ci-dessus seront poursuivies, et les amendes et confiscations réparties comme en matière de contributions indirectes.

Art. 9. — Un règlement d'administration publique statuera sur les mesures que nécessitera l'exécution de la présente loi en ce qui concerne les dispositions des articles 4 et suivants.

Art. 10. — Les dispositions de l'article 6 de la loi du 1er septembre 1871 seront applicables aux fabricants d'allumettes chimiques, aux fabricants de chicorée, aux fabricants de papier, lesquels seront assujettis à un droit annuel de licence de vingt francs en principal.

Art. 11. — A partir de la promulgation de la présente loi, le prix actuel des diverses espèces de poudre de chasse sera doublé.

Délibéré en séance publique, à Versailles, le 4 septembre 1871.

Le Président,

Signé : Jules Grévy,

Les Secrétaires,

Signé : Paul de Rémusat, Paul Bethmont, Vte de Meaux, N. Johnston, Mis de Castellane, Bon de Barante.

Le Président de la République,

Signé : A. THIERS.

Le Ministre des finances,

Signé : Pouyer-Quertier.

DÉCRET

PORTANT RÈGLEMENT D'ADMINISTRATION PUBLIQUE
POUR L'EXÉCUTION DES ARTICLES 3, 4, 5, 8, 9 ET 10 DE LA LOI
DU 4 SEPTEMBRE 1871,
RELATIFS A L'IMPOT SUR LES ALLUMETTES CHIMIQUES

Du 29 novembre 1871.

(Promulgué au *Journal officiel* du 1er décembre 1871.)

Le Président de la République française,

Sur le rapport du Ministre des finances,

Vu les articles 3, 4, 5, 8, 9 et 10 de la loi du 4 septembre 1871, relatifs à l'impôt sur les allumettes chimiques, notamment l'article 4, en vertu duquel la perception de l'impôt doit être assurée au moyen de l'exercice des fabriques et des débits par les employés de l'Administration des contributions indirectes et l'article 9, ainsi conçu :

« Un règlement d'administration publique statuera sur » les mesures que nécessitera l'exécution de la présente loi...;»

Vu la loi du 28 avril 1816, notamment les articles 235, 236, 237, 238 et 245, qui sont rendus applicables à la perception de l'impôt sur les allumettes chimiques ;

La Commission provisoire chargée de remplacer le Conseil d'État entendue,

Décrète :

TITRE PREMIER.

DES FABRICANTS ET DES MARCHANDS EN GROS OU COMMISSIONNAIRES POURVUS DE LA LICENCE DE FABRICANTS.

Art. 1er. — Les fabricants d'allumettes chimiques doivent, au moment où ils font la déclaration prescrite par l'article 5 de la loi du 4 septembre 1871, payer le prix de la licence dont ils sont tenus de se munir en vertu de l'article 10 de ladite loi.

Tant qu'ils n'ont pas déclaré cesser leur industrie, ils ont ensuite à payer, dès le 1er janvier de chaque année, le même droit de licence.

Si le paiement n'est pas effectué au 1er janvier, il est procédé au recouvrement du droit de licence par voie d'avertissement et de contrainte, dans les conditions fixées par la législation des contributions indirectes pour les autres droits constatés.

Art. 2. — La déclaration prescrite par l'article 5 de la loi du 4 septembre 1871 doit indiquer la situation de la fabrique et en présenter la description.

Cette déclaration indique, en outre : 1° le mode de fabrication, la nature et l'espèce des allumettes fabriquées ; 2° en ce qui concerne chaque espèce, les types adoptés pour les boîtes et paquets, leur forme et leur dimension ou contenance ; 3° le régime de la fabrique pour les jours et heures de travail.

Tout changement dans le mode de fabrication, dans la nature des allumettes produites, dans la forme des boîtes et paquets ou dans le régime de la fabrique pour les jours et heures de travail, est l'objet d'une nouvelle déclaration.

Néanmoins, dans les cas imprévus, le fabricant peut se borner à constater sur le registre mis à sa disposition par l'administration, ainsi qu'il sera dit à l'article 7, la nécessité où il se trouve de continuer le travail en dehors des heures déterminées.

Lorsque le fabricant veut suspendre ou cesser les travaux

de fabrication, il doit également en faire la déclaration au bureau de l'Administration des contributions indirectes.

Art. 3. — Pour chaque fabrique, sauf pour les fabriques d'allumettes de luxe, de fantaisie, le nombre des types des boîtes et paquets est limité de la manière suivante :

Boîtes ou paquets de cinquante, cent, deux cents, cinq cents et mille allumettes.

Quelle que soit leur forme, les boîtes ou paquets doivent être disposés de telle sorte qu'ils puissent être scellés au moyen des timbres ou vignettes timbrées prescrites par l'article 4 de la loi du 4 septembre 1871.

Sont considérés comme étant conformes aux types les boîtes et paquets dont le contenu ne présente que les différences de un à dix pour cent qui sont inhérentes aux procédés de fabrication et de garnissage.

Art. 4. — A l'extérieur du bâtiment principal de tout établissement où l'on fabrique des allumettes chimiques, les mots : *Fabrique d'allumettes chimiques* doivent être inscrits en caractères apparents.

Art. 5. — L'Administration des contributions indirectes peut exiger :

1° Que les jours et fenêtres donnant directement sur la voie publique ou sur les propriétés voisines soient garnis d'un treillis de fer à mailles de cinq centimètres au plus;

2° Que la fabrique et ses dépendances n'aient qu'une entrée habituellement ouverte et que les autres soient fermées à deux serrures, la clef de l'une des serrures étant aux mains des employés de l'administration.

Si la fabrique n'est pas séparée de tout autre bâtiment, toute communication intérieure entre la fabrique et les maisons voisines non occupées par le fabricant est interdite et doit être scellée.

Art. 6. — Un local convenable d'au moins vingt mètres carrés doit être disposé par le fabricant, si l'administration en fait la demande, pour servir de bureau aux employés.

Ce local doit être pourvu de tables, de chaises, d'un poêle ou d'une cheminée et d'une armoire fermant à clef.

Le loyer en est supporté par l'administration.

Art. 7. — L'administration fournit gratuitement aux fabriçants un registre imprimé sur lequel ils doivent inscrire, comme éléments d'appréciation ou de contrôle :

1° Au moment même où ont lieu les introductions, les quantités de bois, de stéarine et d'autres matières premières destinées à la fabrication ;

2° A la fin de chaque journée, le nombre, par espèce d'allumettes, des boîtes ou paquets qui ont été garnis.

Ce registre sert également à recevoir les mentions prescrites par l'article 2, paragraphe 4, l'article 17, paragraphe 4, et l'article 18.

Art. 8. — L'administration peut, selon les circonstances, exiger que les timbres ou vignettes timbrées sans lesquels les boîtes ou paquets ne peuvent circuler ou être mis en vente soient apposés par les fabricants sous sa surveillance, ou faire apposer les timbres ou vignettes par ses agents.

Dans le premier cas, il est accordé aux fabricants une remise dont le taux est débattu entre eux et l'administration, ou, à défaut de fixation amiable, réglé par un expert que désigne le président du tribunal civil.

Art. 9. — Quand les fabricants sont chargés de l'apposition des timbres ou vignettes, ils peuvent l'effectuer à mesure que les boîtes sont garnies, et ils ont en outre la faculté de procéder immédiatement à l'opération du paquetage. Ils deviennent, par suite, comptables envers l'administration des timbres et vignettes qui leur ont été remis.

Art. 10. — Lorsque l'administration reste chargée d'apposer les timbres ou vignettes, les fabricants sont tenus de faire passer les boîtes et paquets dans le local servant de bureau à mesure qu'ils sont garnis, puis de les en retirer immédiatement après l'apposition des vignettes timbrées.

Les fabricants délivrent à l'administration un reçu des vignettes timbrées apposées sur les boîtes et paquets qui sont ainsi remis à leur disposition, et, dès ce moment, ils en sont comptables.

Art. 11. — Les boîtes ou paquets d'allumettes importées qui ne sont pas revêtus de timbres ou vignettes ne peuvent être introduits en France qu'en vertu d'acquits-à-caution, et s'ils sont adressés à un fabricant ou bien à un marchand en gros ou commissionnaire pourvu de la licence de fabricant.

Art. 12. — Les boîtes ou paquets revêtus de timbres ou de vignettes doivent être placés immédiatement dans un local spécial fermant à clef. Ils y sont disposés de manière que le recensement puisse en être fait avec exactitude et célérité.

Les fabricants sont tenus de placer successivement dans un compartiment distinct du même magasin, ou dans un autre local spécial fermant à clef, les boîtes ou paquets non revêtus de timbres ou de vignettes qu'ils se réservent d'exporter ou d'expédier à d'autres fabricants avec transport du crédit de l'impôt.

Si ces boîtes ou paquets sont l'objet d'un assemblage sous enveloppe, l'enveloppe porte la mention : *Sans timbre*.

Art. 13. — Les envois de fabrique à fabrique ou de fabrique à magasin de dépôt peuvent avoir lieu avec transport de la perception des droits à la charge du destinataire.

Ces envois ont lieu en vertu d'acquits-à-caution, et le destinataire ne peut introduire les chargements dans son usine ou magasin de dépôt qu'en présence des employés de l'administration.

Art. 14. — Les marchands en gros et les commissionnaires peuvent obtenir de l'administration le crédit de l'impôt dans les mêmes conditions que les fabricants, à la charge de se munir d'une licence de fabricant, de se soumettre à l'exercice et de fournir une caution qui s'engage solidairement avec eux à payer les droits sur les quantités imposables.

Art. 15. — Lorsqu'il s'agit d'envois à destination de l'étranger ou d'envois de fabrique à fabrique ou magasin avec transport du crédit de l'impôt, les allumettes peuvent être expédiées même en vrac; mais elles doivent être placées dans des colis fermant hermétiquement, et elles ne peuvent être transportées que sous la garantie du plomb de l'Administration des contributions indirectes, qui perçoit dix centimes à titre de remboursement des frais de l'opération.

Dans ce cas, la déclaration peut indiquer le poids au lieu du nombre, pour chaque espèce d'allumettes, y compris l'amadou amorcé.

Pour les envois à destination de l'étranger comme pour les envois de fabrique à fabrique, l'expéditeur est tenu de se munir d'un acquit-à-caution.

Art. 16. — Les employés de l'administration tiennent un compte général présentant :

D'une part, l'entrée et la sortie des timbres et vignettes qu'ils ont reçus ;

D'autre part, l'emploi des timbres et vignettes dont les fabricants sont comptables.

Les fabricants sont tenus de payer immédiatement le prix des timbres et vignettes reconnus manquant à leur charge.

Art. 17. — Il est mis gratuitement à la disposition des fabricants un registre à souche où ils doivent inscrire, successivement et avant l'enlèvement, le nombre et la contenance, par espèce d'allumettes, des boîtes et paquets imposables à l'enlèvement.

L'inscription constate, en outre, à la souche et à l'ampliation du registre, l'heure précise de l'enlèvement, le nom et la qualité du destinataire, le lieu de destination.

Les énonciations relatives à la quantité et à l'espèce des allumettes constituent les éléments de la perception de l'impôt.

Ne sont point inscrits audit registre les envois effectués en vertu d'acquits-à-caution. Ces envois sont mentionnés au registre dont la tenue est prescrite par l'article 7.

Art. 18. — Les réintégrations en fabrique pour une cause quelconque sont déclarées et constatées de la manière prescrite pour les envois de fabrique à fabrique par l'article 13 du présent décret.

Toutefois, dans le cas d'urgence, il suffit que le fabricant constate les réintégrations au registre dont la tenue est prescrite par l'article 7 et qu'il en informe immédiatement les employés chargés de l'exercice de son usine.

Art. 19. — Les quantités enlevées des fabriques et passibles du droit sont successivement imputées au compte des quantités libérées d'impôt qui y ont été introduites, et elles ne donnent lieu à la perception de la taxe qu'après apurement de ce compte.

Art. 20. — Les registres dont la tenue est prescrite par

les articles 7 et 17 doivent être représentés à toute réquisition des employés de l'administration.

Art. 21. — L'administration peut accorder, par voie de décharge ou de restitution, la remise des droits afférents aux allumettes chimiques qui, par accident, seraient détruites ou mises hors d'usage, soit chez les fabricants et chez les marchands en gros ou commissionnaires pourvus de la licence de fabricant, soit en cours de transport.

Art. 22. — L'administration règle, de quinzaine en quinzaine ou de mois en mois, selon l'importance des ventes à l'intérieur, les sommes dues par les fabricants, marchands en gros et commissionnaires.

Lorsque le décompte s'élève à plus de trois cents francs, les sommes dues peuvent être payées en une obligation cautionnée à quatre mois de terme, sous la condition que l'obligation sera souscrite au plus tard cinq jours après le règlement de quinzaine ou de mois.

Toutefois les fabricants, les marchands en gros et commissionnaires ont alors à payer la remise de un tiers pour cent qui est imposée aux fabricants de sucre.

Si le paiement des sommes supérieures à trois cents francs est effectué au comptant en numéraire, il est alloué un escompte qui est déterminé par arrêté du ministre des finances, mais à la condition que le paiement des droits soit effectué au plus tard cinq jours après le règlement de quinzaine ou de mois. Dans ces limites, l'ajournement de la perception n'entraîne aucune réduction dans le calcul de l'escompte.

Art. 23. — A défaut de paiement en obligations cautionnées ou au comptant avec escompte, le recouvrement des droits est poursuivi par voie d'avertissement et de contrainte, dans les conditions fixées par la législation des contributions indirectes.

Art. 24. — En cas de non-accomplissement des condition inhérentes aux acquits-à-caution, les soumissionnaires ou cautions ont à payer le double du droit garanti par les acquits.

Art. 25. — Seront prises en charge comme passibles de l'impôt toutes les quantités d'allumettes qui seront inventoriées, en vertu de l'article 5 de la loi du 4 septembre 1871, chez les fabricants et chez les marchands en gros et commissionnaires pourvus de la licence de fabricant.

Ces fabricants, marchands en gros et commissionnaires jouiront du crédit des droits aussi bien pour les quantités inventoriées que pour les fabrications ultérieures.

En cas de déclaration de cesser, ils devront payer immédiatement l'impôt sur les quantités formant leurs charges.

TITRE II.

DES MARCHANDS EN GROS ET EN DÉTAIL NON POURVUS DE LA LICENCE DE FABRICANT.

ART. 26. — Les marchands en gros ou en détail d'allumettes chimiques, non pourvus de la licence de fabricant, devront faire au bureau de l'Administration des contributions indirectes le plus voisin de leur établissement, et dans le délai de cinq jours, à dater de la promulgation du présent décret, une déclaration dont il leur sera délivré ampliation et qui aura le caractère d'une commission.

A l'avenir, nul ne pourra entreprendre le commerce en gros ou en détail des allumettes chimiques avant d'avoir accompli la même formalité.

Tant qu'ils n'ont pas fait au même bureau une déclaration de cesser, les marchands en gros et en détail demeurent soumis à l'exercice des employés de l'administration et à l'obligation de leur représenter, à toute réquisition, les allumettes chimiques formant leur approvisionnement.

ART. 27. — Les employés de l'administration apposeront gratuitement des timbres ou vignettes sur les boîtes et paquets existant au moment où ils feront leur première visite dans les magasins des marchands en gros ou détaillants non pourvus de la licence de fabricant.

Postérieurement à cette visite, ces commerçants ne pourront plus recevoir ni avoir chez eux que des allumettes chimiques en boîtes ou en paquets revêtus des timbres ou des vignettes de l'administration.

**

Art. 28. — Les dispositions du présent règlement ne sont pas applicables aux provisions de ménage, limitées à un kilogramme.

Art. 29. — Le produit net des amendes et des confiscations est réparti conformément aux dispositions de l'article 126 de la loi du 25 mars 1817.

Art. 30. — Le Ministre des finances est chargé de l'exécution du présent décret, qui sera publié au *Journal officiel*.

Fait à Versailles, le 29 novembre 1871.

Signé : A. THIERS.

Le Ministre des finances,

Signé : Pouyer-Quertier.

LOI DU 28 AVRIL 1816

(ARTICLES VISÉS PAR LE DÉCRET DU 29 NOVEMBRE 1871.)

Art. 235. — Les visites et exercices que les employés sont autorisés à faire chez les redevables ne pourront avoir lieu que pendant le jour : cependant ils pourront aussi être faits la nuit dans les brasseries, distilleries, lorsqu'il résultera des déclarations que ces établissements sont en activité ; et chez les débitants de boissons, pendant tout le, temps que les lieux de débit seront ouverts au public.

Art. 236. — Les visites et vérifications que les employés sont autorisés à faire pendant le jour seulement ne pourront avoir lieu que dans les intervalles de temps déterminés par l'article 26 de la présente loi.

Art. 237. — En cas de soupçon de fraude à l'égard des particuliers non sujets à l'exercice, les employés pourront faire des visites dans l'intérieur de leurs habitations, en se faisant assister du juge de paix, du maire, de son adjoint ou du commissaire de police, lesquels seront tenus de déférer à la réquisition qui leur en sera faite, et qui sera transcrite en tête du procès-verbal. Ces visites ne pourront avoir lieu que d'après l'ordre d'un employé supérieur, du grade de contrôleur au moins, qui rendra compte des motifs au directeur du département.

Les marchandises transportées en fraude qui, au moment d'être saisies, seraient introduites dans une habitation pour les soustraire aux employés, pourront y être suivies par eux, sans qu'ils soient tenus, dans ce cas, d'observer les formalités ci-dessus prescrites.

Art. 238. — Les rébellions ou voies de fait contre les employés seront poursuivies devant les tribunaux, qui ordonneront l'application des peines prononcées par le Code pénal, indépendamment des amendes et confiscations qui pourraient être encourues par les contrevenants. Quand les rébellions ou voies de fait auront été commises par un débitant de boissons, le Tribunal ordonnera, en outre, la clôture du débit pendant un délai de trois mois au moins et de six mois au plus.

Art. 245. — Les autorités civiles et militaires, et la force publique, prêteront aide et assistance aux employés, pour l'exercice de leurs fonctions, toutes les fois qu'elles en seront requises.

LOI

CONCERNANT LES SUCRES, LA STATISTIQUE COMMERCIALE ET LES ALLUMETTES

Du 22 janvier 1872.

(Promulguée au *Journal officiel* du 23 janvier 1872.)

L'ASSEMBLÉE NATIONALE A ADOPTÉ,

LE PRÉSIDENT DE LA RÉPUBLIQUE FRANÇAISE PROMULGUE LA LOI dont la teneur suit :

ART. 1er. — Les droits perçus sur les sucres et glucoses de toute origine, antérieurement à la loi du 8 juillet 1871, sont augmentés de deux nouveaux dixièmes.

ART. 2. — Les sucres existant, au moment de la promulgation de la présente loi, dans les entrepôts, les fabriques ou les raffineries, seront assujettis au paiement de cette taxe nouvelle. Les employés des douanes et des contributions indirectes relèveront les quantités existantes tant en sucre brut qu'en sucre raffiné et en tenant compte du rendement des sucres bruts au raffinage.

Les sucres bruts pourront être recherchés, en quelque endroit qu'ils existent, par les mêmes employés.

ART. 3. — Il est établi, pour subvenir aux frais de la statistique commerciale, un droit spécial de dix centimes par colis sur les marchandises en futailles, caisses, sacs ou autres emballages, de dix centimes par mille kilogrammes ou par mètre cube sur les marchandises en vrac, et de dix centimes par tête sur les animaux, vivants ou abattus, des espèces chevaline, bovine, ovine, caprine et porcine. Ce droit, indépendant de toute autre taxe, mais affranchi des dixièmes additionnels, sera perçu tant à l'entrée qu'à la sortie, quelle que soit la provenance ou la destination.

ART. 4. — Le droit intérieur sur les allumettes en bois est fixé comme suit, décime compris :

Boîte ou paquet de cent allumettes et au-dessous, quatre centimes par boîte ou paquet ;

Boîte ou paquet renfermant plus de cent allumettes, quatre centimes par centaine ou fraction de centaine.

Le même droit sera perçu, indépendamment des taxes de douane, sur les allumettes en bois importées.

Délibéré en séance publique, à Versailles, le 22 janvier 1872.

Le Président,

Signé : JULES GRÉVY.

Les Secrétaires,

Signé : PAUL DE RÉMUSAT, PAUL BETHMONT, N. JOHNSTON, Mis DE CASTELLANE.

Le Président de la République,

Signé : A. THIERS.

Le Ministre des finances,
Signé : POUYER-QUERTIER.

DÉCRET

QUI MODIFIE LES ARTICLES 8 ET 27
DU RÈGLEMENT D'ADMINISTRATION PUBLIQUE DU 29 NOVEMBRE 1871
POUR L'EXÉCUTION DE LA LOI RELATIVE A L'IMPOT
SUR LES ALLUMETTES CHIMIQUES

Du 29 février 1872.

(Promulgué au *Journal officiel* du 1er mars 1872.)

Le Président de la République française,

Sur le rapport du Ministre des finances ;

Vu les articles 3, 4, 5, 8, 9 et 10 de la loi du 4 septembre 1871, relatifs à l'impôt sur les allumettes chimiques ;

Vu l'article 4 de la loi du 22 janvier 1872, qui modifie l'impôt établi sur les allumettes en bois ;

Vu les articles 8 et 27 du règlement d'administration publique du 29 novembre 1871, rendu pour l'exécution de la loi du 4 septembre 1871 ;

La Commission provisoire chargée de remplacer le Conseil d'État entendue,

Décrète :

Art. 1er. — Les articles 8 et 27 du règlement d'administration publique du 29 novembre 1871 sont modifiés ainsi qu'il suit :

Art. 8. — Les fabricants d'allumettes chimiques sont tenus, en exécution des articles 3 et 4 de la loi du 4 septembre 1871 et 4 de la loi du 22 janvier 1872, d'apposer eux-mêmes et à leurs frais les timbres ou vignettes sans lesquels les boîtes ou paquets ne peuvent circuler ou être mis en vente.

Art. 27. — A partir de la promulgation du présent décret, les marchands en gros ou en détail non pourvus de la licence de fabricant ne pourront plus recevoir ni avoir chez eux que des allumettes chimiques en boîtes ou en paquets revêtus de timbres ou vignettes.

A cet effet, ils seront tenus de déclarer les quantités qu'ils ont en leur possession et pour lesquelles l'impôt n'a pas été acquitté. Ces quantités seront immédiatement soumises aux droits par l'apposition de timbres et vignettes dans les conditions déterminées par l'article 8 du règlement ci-dessus modifié.

Art. 2. — Les importateurs d'allumettes chimiques pourront, lorsque les droits dus par eux s'élèveront à plus de trois cents francs, payer en une obligation cautionnée à quatre mois de terme, ou, si le paiement des sommes supérieures à trois cents francs est par eux effectué au comptant, en numéraire, il leur sera alloué un escompte dont le taux est déterminé par le ministre des finances.

Art. 3. — Le Ministre des finances est chargé de l'exécution du présent décret, qui sera inséré au *Journal officiel* et au *Bulletin des lois*.

Fait à Versailles, le 29 février 1872.

Signé : A. THIERS.

Le Ministre des finances ,

Signé : POUYER-QUERTIER.

LOI

QUI ATTRIBUE A L'ÉTAT LE MONOPOLE DE LA FABRICATION ET DE LA VENTE DES ALLUMETTES CHIMIQUES

Du 2 août 1872.

(Promulguée au *Journal officiel* du 10 novembre 1872.)

L'Assemblée nationale a adopté,

Le Président de la République française promulgue la loi dont la teneur suit :

Art. 1er. — A partir de la promulgation de la présente loi, l'achat, la fabrication et la vente des allumettes chimiques sont attribués exclusivement à l'État dans toute l'étendue du territoire.

Art. 2. — Le Ministre des finances est autorisé soit à faire exploiter directement par les administrations des manufactures de l'État et des contributions indirectes, soit à concéder par voie d'adjudication publique ou à l'amiable, le monopole des allumettes.

Art. 3. — Il sera procédé à l'expropriation des fabriques d'allumettes chimiques actuellement existantes dans la forme et dans les conditions déterminées par la loi du 3 mai 1841. A cet effet, le Ministre des finances est autorisé à avancer la somme qui sera nécessaire pour pourvoir aux indemnités d'expropriation.

Cette avance sera régularisée au moyen d'un prélèvement

annuel sur le produit du monopole. Elle fera l'objet d'un nouveau compte classé parmi les services spéciaux du Trésor.

ART. 4. — Le prix des allumettes fabriquées que la régie des contributions indirectes vendra aux consommateurs ne pourra excéder la fixation ci-après, savoir :

ALLUMETTES EN BOIS.

Par kilogramme. . . . . Fr.   2   50
Par boîte de 150.   0   10
Par boîte de 60. . . . .   0 05
Tolérance de 10 0/0.

ALLUMETTES EN CIRE.

Par boîte de 40. . . . . Fr.   0   10
Tolérance de 10 0/0.

ART. 5. — Les stipulations financières à intervenir dans le cas de la mise en ferme de l'impôt des allumettes chimiques seront soumises à l'approbation de l'Assemblée nationale.

ART. 6. — Quel que soit le mode adopté pour l'exploitation du monopole, l'importation, la circulation et la vente des allumettes demeurent assujetties au régime et aux pénalités établis par les lois des 4 septembre 1871 et 22 janvier 1872.

ART. 7. — Sont abrogées toutes les dispositions contraires à la présente loi.

Délibéré en séance publique, à Versailles, le 2 août 1872.

Le Président,

Signé : JULES GRÉVY.

Les Secrétaires,

Signé : Mis COSTA DE BEAUREGARD, FRANCISQUE RIVE,
PAUL DE RÉMUSAT, B^{on} DE BARANTE.

Le Président de la République,

A. THIERS.

Le Ministre des finances,
Signé : E. DE GOULARD.

LOI

RELATIVE A L'EXERCICE DU MONOPOLE ET A LA VENTE
DES ALLUMETTES CHIMIQUES

Du 15 mars 1873.

(Promulguée au *Journal officiel* du 25 mars 1873.)

L'Assemblée nationale a adopté,

Le Président de la République française promulgue la loi dont la teneur suit :

Art. 1er. — Le prix des allumettes au phosphore amorphe que l'Administration des contributions indirectes ou le concessionnaire du monopole des allumettes chimiques vendra aux consommateurs et aux marchands en détail patentés dûment autorisés ne pourra excéder la fixation suivante :

ALLUMETTES EN BOIS.

Par boîte de 100. . . . .   10ᶜ

Par boîte de 50   05

ALLUMETTES EN CIRE.

Par boîte de 30   10

avec tolérance de dix pour cent sur le nombre des allumettes.

Tous les marchands en détail patentés qui en feront la demande seront autorisés à faire le débit des allumettes de toute sorte, en se soumettant aux règlements généraux de l'État et à ceux de la Compagnie concessionnaire approuvés par l'État.

Art. 2. — L'Administration des contributions indirectes ou le concessionnaire du monopole des allumettes chimiques pourra fabriquer et vendre des allumettes dites *de luxe*, dont le prix sera fixé par décret du Président de la République.

Art. 3. — L'importation des allumettes chimiques de fabrication étrangère est prohibée en France, sauf les exceptions résultant des traités internationaux actuellement en vigueur.

Les allumettes importées en vertu de ces traités à desti-nation de simples consommateurs, exclusivement pour leurs besoins personnels, acquitteront, indépendamment des droits de douane, les taxes établies par les lois des 4 septembre 1871 et 22 janvier 1872.

Le Ministre des finances pourra autoriser le concession-naire du monopole à importer avec exemption de ces der-nières taxes, mais moyennant le paiement des droits de douane, les allumettes fabriquées à l'étranger qui seront considérées comme allumettes de luxe.

Art. 4. — Les actes relatifs à l'adjudication de l'exploi-tation du monopole des allumettes ne sont assujettis, pour l'enregistrement, qu'au droit fixe de un franc cinquante centimes (1 fr. 50).

Art. 5. — Les agents présentés par le concessionnaire du monopole des allumettes chimiques, s'ils sont agréés par l'Administration des contributions indirectes, seront commis-sionnés par elle. Ils seront assermentés et pourront, dans les mêmes conditions que les préposés des octrois, constater par des procès-verbaux, qui feront foi jusqu'à preuve du contraire, les contraventions aux lois et règlements concer-nant le monopole.

Ces contraventions donneront lieu à l'application des peines édictées par la loi du 4 septembre 1871.

Art. 6. — Sont abrogées toutes dispositions contraires à la présente loi.

Délibéré en séance publique, à Versailles, le 15 mars 1873.

Le Président,
Signé : Jules Grévy.

Les Secrétaires,
Signé : L. Grivart, Francisque Rive, Félix Voisin, Albert Desjardins.

Le Président de la République,
Signé : A. Thiers.

Le Ministre des finances,
Signé : Léon Say.

DÉCRET

QUI FIXE LES PRIX DE VENTE DES ALLUMETTES DITES *DE LUXE*

Du 30 décembre 1874.

LE PRÉSIDENT DE LA RÉPUBLIQUE FRANÇAISE,

Vu la loi du 2 août 1872, constitutive du monopole des allumettes chimiques;

Vu l'article 2 de la loi du 15 mars 1873, relatif à la vente des allumettes chimiques dites *de luxe;*

Sur le rapport du Ministre des finances,

DÉCRÈTE :

ART. 1er. — La Compagnie concessionnaire du monopole des allumettes chimiques est autorisée à mettre en vente des allumettes dites *de luxe* aux prix et dans les conditions déterminées par le tableau suivant :

Allumettes en bois.

I. Bois carré trempé en presse :

	Prix de vente.
A. Paquet, par 500 allumettes . . . . Fr.	0 35
B. Paquet, par 1,000 allumettes	0 70
C. Boîte ménagère, par 500 allumettes.	0 40
D. Portefeuille, par 100 allumettes.	0 10
E. Portefeuille, par 50 allumettes	0 05

II. Bois carré trempé en presse, paraffiné :

Coulisse anglaise illustrée en couleur, par 75 allumettes. . . .	0 10

III. Bois rond trempé en presse :

A. Boîte ménagère, par 500 allumettes	0 40
B. Portefeuille illustré, par 100 allumettes.	0 10
C. Portefeuille illustré, par 50 allumettes.	0 05

IV. Bois strié ou cannelé :

Coulisse illustrée en couleur, par 500 allumettes . . . . Fr.	0 80

V. Allumettes suédoises, paraffinées et au phosphore amorphe :

A. Paquet par 1,000 allumettes 1 10
B. Boîte munie d'un frottoir, par 1,000 allumettes 1 20
C. Boîte munie d'un frottoir, par 550 allumettes. . . , ... 0 65
D. Boîte munie d'un frottoir, par 250 allumettes 0 35
E. Boîte munie d'un frottoir, par 30 allumettes 0 10

Allumettes en cire.

I. Boîtes d'allumettes en cire illustrées en trois couleurs et au-dessus.

A. Prie-Dieu, par 50 allumettes 0 15
B. Tiroir, par 50 allumettes. 0 15
C. Coulisse, par 50 allumettes. 0 15
D. Tabatière, par 50 allumettes 0 15
E. Tabatière, double couvercle, par 40 allumettes 0 15
F. Tabatière double couvercle, par 25 allumettes et 12 pièces
   amadou chimique. 0 15
G. Coulisse, 30 pièces amadou chimique. 0 15
H. Coulisse illustrée, par 250 allumettes. 0 70
I. Coulisse illustrée par 500 allumettes. 1 20
J. Coulisse, par 40 allumettes dites *5 minutes*. 0 25

II. Petit Prie-Dieu illustré, par 33 allumettes 0 10

Art. 2. — Les prix de vente fixés par le présent décret devront figurer d'une façon apparente sur les boîtes et paquets auxquels ils s'appliquent.

Art. 3. — Les cartonnages et enveloppes des types d'allumettes spécifiés au tableau qui précède devront être d'une couleur différente de celles des cartonnages et enveloppes des types imposés par le cahier des charges.

Art. 4. — Les types d'allumettes dont la fabrication et la vente sont autorisées par le présent décret pourront être revisés à partir du 1er juillet 1875.

Art. 5. — Le Ministre des finances est chargé de l'exécution du présent décret.

Fait à Paris, le 30 décembre 1874.

M^{al} DE MAC-MAHON,

DUC DE MAGENTA.

Par le Président de la République :

Le Ministre des Finances,

Signé : MATHIEU-BODET.

LOI

RELATIVE AU MONOPOLE DES ALLUMETTES CHIMIQUES

Du 28 janvier 1875.

(Promulguée au *Journal officiel* du 7 février 1875.)

L'ASSEMBLÉE NATIONALE A ADOPTÉ LA LOI dont la teneur suit :

ART. 1er. — Sont approuvées :

1° Les stipulations financières contenues dans les articles 6, 8 et 10 de la convention passée, le 11 décembre 1874, entre le Ministre des finances et la compagnie Concessionnaire du monopole des allumettes chimiques ;

2° Les dispositions contenues dans l'article 3 de ladite convention et portant dérogation temporaire à l'article 4 de la loi du 2 août 1872, en ce qui touche le prix de vente des allumettes en bois, au phosphore ordinaire, par boîtes de cent cinquante.

ART. 2. — La quantité d'allumettes importées, en vertu de l'article 3 de la loi du 15 mars 1873, à destination des simples consommateurs et pour leurs besoins exclusivement personnels, est limitée à cinq kilogrammes par consommateur et par année.

Les allumettes importées ne pourront circuler sans être accompagnées d'un acquit-à-caution. Les contraventions de la présente disposition donneront lieu à l'application des peines édictées par la loi du 4 septembre 1871 ; elles pourront être constatées, soit par les agents de l'Administration des contributions indirectes, soit par les agents spéciaux du concessionnaire du monopole, commissionnés dans les conditions déterminées par l'article 5 de la loi du 15 mars 1873.

La Compagnie concessionnaire devra, en outre, faire appliquer à tous les détaillants s'approvisionnant au même dépôt un tarif uniforme de remises.

Art. 3. — Les dispositions relatives à la répression de la fraude en matière de tabacs, contenues dans les articles 222 et 223 de la loi du 28 avril 1816, seront appliqués à l'avenir aux contraventions aux lois et règlements concernant le monopole des allumettes.

Cette disposition ne dégage pas la Compagnie concessionnaire du monopole de ses obligations relativement à la répression de la fraude et n'engage pas la responsabilité de l'Etat.

Délibéré en séance publique, à Versailles, le 28 janvier 1875.

Le Président,

Signé : L. Buffet.

Les Secrétaires,

Signé : Félix Voisin, Vandier, T. Duchatel, Louis de Ségur.

Le Président de la République promulgue la présente loi.

Signé : M^{al} DE MAC-MAHON, duc DE MAGENTA.

Le Ministre des finances,

Signé : Mathieu-Bodet.

CONVENTION.

Entre le Ministre des finances, agissant au nom de l'État,
 D'une part,

Et la Compagnie générale des allumettes chimiques, représentée par M. le baron *Alphonse Mallet*, président du

Conseil d'administration, et M. *Monchicourt*, administrateur délégué, agissant en vertu des pouvoirs à eux conférés par délibération du Conseil d'administration, en date du 30 novembre 1874,

D'autre part,

Il a été convenu ce qui suit :

ART. 1er. — Bien qu'investie du monopole de la fabrication depuis le 1er octobre 1874, la Compagnie, en raison de l'importance des stocks existant actuellement dans le commerce et dont il est nécessaire de favoriser l'écoulement, est autorisée à vendre les produits de sa fabrication jusqu'au 1er janvier 1875, moyennant le paiement des droits fixés par les lois des 4 septembre 1871 et 22 janvier 1872.

ART. 2. — Au 1er janvier 1875, la Compagnie sera considérée comme investie du monopole de la vente ; par suite, elle assume l'entière responsabilité de toutes les conséquences pouvant résulter du maintien dans le commerce des produits fabriqués par elle ou par les anciens fabricants et qui n'auraient pu être écoulés à cette date, soit par l'intermédiaire des sous-concessionnaires du monopole, soit par les commissionnaires, marchands en gros, débitants ou autres détenteurs, sans toutefois que ces conséquences puissent aller au delà de l'obligation de reprendre ces marchandises à l'amiable ou à dire d'experts, et sans qu'elles puissent comporter aucun paiement d'indemnité du chef de la privation du droit de vente ou de l'exercice d'une industrie ou d'un commerce.

Le Ministre des finances déterminera, après avoir pris l'avis de la Compagnie, les délais qui pourront être successivement accordés aux divers détenteurs soit pour exporter, soit pour écouler dans la consommation intérieure les stocks d'allumettes libérées d'impôt, ou pour lesquelles l'impôt est garanti par une caution et qui existeraient encore au 1er janvier 1875.

ART. 3. — A partir du 1er janvier 1875, la Compagnie devra mettre en vente les allumettes aux prix fixés et conformément aux types spécifiés par le cahier des charges, quant aux types réglementaires, et conformément aux types à homologuer par décret du Président de la République, quant aux types de fabrication extra-réglementaires, dits *types de luxe.*

Toutefois, la Compagnie ne sera tenue de mettre en vente le type réglementaire d'allumettes par boîtes de cent cinquante qu'à partir du 1er juillet 1875. Jusqu'à cette époque, et afin d'utiliser les produits fabriqués ainsi que les boîtes et cartons repris chez les anciens fabricants, la Compagnie pourra vendre des boîtes de cent allumettes en bois, au phosphore ordinaire, au prix de dix centimes, c'est-à-dire au prix courant de ces boîtes depuis l'établissement de l'impôt. Il ne pourra être mis en vente, en aucun cas, à partir du 1er octobre 1874, plus de soixante millions desdites boîtes, en vertu de la présente disposition exceptionnelle. Ceux de ces produits qui, au 1er juillet 1875, resteraient encore entre les mains des débitants munis d'autorisation de vente, pourront être écoulés par eux sans entraves.

ART. 4. — La Compagnie déposera, avant le 15 décembre 1874, entre les mains de l'Administration des contributions indirectes, cent échantillons de chacun des types spécifiés par le cahier des charges. Il sera dressé procès-verbal contradictoire de la réception de ces types.

La Compagnie remettra également, dans le mois qui suivra la date du décret d'homologation, des types d'allumettes dites *de luxe,* cent échantillons de chacun des types qui auront été adoptés. Ces échantillons seront entièrement conformes aux spécimens homologués par décret. Il sera dressé procès-verbal de réception des types de luxe, dans la même forme que pour les types réglementaires.

ART. 5. — La durée de la concession, telle qu'elle est fixée par l'article 2 du cahier des charges, commencera à courir à partir du 1er janvier 1875.

Par dérogation au paragraphe 2 de l'article 5 du cahier des charges, le paiement du premier douzième de la redevance fixe de seize millions trente mille francs ne sera exigible qu'à partir du 1er mai 1875, au lieu du 1er mars 1875 ; il est bien entendu que cette prolongation de délai n'aura pour résultat que de retarder de quatre mois au lieu de deux le paiement de chacun des termes de la redevance stipulée par l'adjudication du 12 octobre 1872, redevance dont le bénéfice reste d'ailleurs acquis au Trésor depuis le 1er janvier 1875 jusqu'à l'expiration de la concession.

Art. 6. — Par dérogation aux engagements résultant de l'adjudication du 12 octobre 1872, et afin d'associer d'une façon plus intime les intérêts de l'État à ceux de la Compagnie, les modifications suivantes seront apportées dans la quotité de la majoration de la redevance proportionnelle afférente à une consommation dépassant quarante milliards d'allumettes.

Cette majoration sera supprimée pour les deux premiers types spécifiés par le cahier des charges, c'est-à-dire :

Le kilogramme de trois mille cinq cents allumettes en bois, au phosphore ordinaire, au prix de deux francs ;

La boîte de cent cinquante allumettes en bois, au phosphore ordinaire, au prix de dix centimes.

Cette majoration sera réduite de cinquante pour cent à vingt pour cent en ce qui concerne le troisième type spécifié par le cahier des charges, c'est-à-dire la boîte de soixante allumettes, au phosphore ordinaire, au prix de cinq centimes,

Elle sera maintenue à cinquante pour cent :

1° Sur les types réglementaires d'allumettes en bois, au phosphore amorphe, vendues par boîtes de cent et de cinquante, au prix de dix centimes et de cinq centimes ;

2° Sur les types d'allumettes en bois de fabrication extra-réglementaire, dits *types de luxe*, à homologuer par décret du Président de la République.

Enfin, ladite majoration sera élevée de cinquante pour cent à cent cinquante pour cent :

1° Sur les allumettes en cire, au phosphore ordinaire et au phosphore amorphe, vendues par boîtes de quarante et de trente, au prix de dix centimes ;

2° Sur les allumettes en cire de fabrication extra-réglementaire, dites *de luxe*, à homologuer par décret du Président de la République.

Pour que les divers taux de redevance proportionnelle, majorés comme il vient d'être dit ci-dessus, puissent être régulièrement appliqués, la comptabilité sera tenue par type et par espèce d'allumettes, tant dans les usines que dans les écritures centrales de la Compagnie.

Dans le cas d'une consommation totale annuelle inférieure à quarante milliards d'allumettes ou atteignant seulement ce chiffre, la Compagnie n'aura à payer à l'Etat que la redevance fixe de seize millions trente mille francs.

Dans le cas d'une consommation totale annuelle supérieure à quarante milliards, mais inférieure à quarante-deux milliards, ou atteignant seulement ce chiffre, la Compagnie aura à payer, en outre de la redevance fixe de seize millions trente mille francs, la redevance proportionnelle majorée de cinquante pour cent, telle qu'elle a été soumissionnée lors de l'adjudication du 12 octobre 1872.

Enfin, dans le cas d'une consommation totale annuelle supérieure à quarante-deux milliards, on établira la proportion dans laquelle chacun des types d'allumettes aura figuré dans la consommation totale. Cette proportion sera admise par la répartition, par type, des quantités excédant quarante-deux milliards et servira ainsi au calcul des diverses redevances supplémentaires de vingt pour cent, cinquante pour cent et cent cinquante pour cent, qui s'ajouteront à la somme totale de dix-sept millions deux cent trente-deux mille deux cent cinquante francs due au Trésor pour une consommation de quarante-deux milliards d'allumettes.

Les allumettes en bois, au phosphore ordinaire, par boîte de cent, dont la fabrication et la vente sont exceptionnellement et temporairement autorisées par les stipulations de l'article 3 ci-dessus, seront assimilées, quant au calcul de la redevance supplémentaire, aux allumettes au phosphore amorphe, et resteront, comme ces dernières, assujetties à la redevance proportionnelle majorée de cinquante pour cent.

ART. 7. — Il sera dressé, le 31 décembre 1874, par les soins de l'Administration des contributions indirectes, un inventaire, par type et par espèce d'allumettes, de tous les produits fabriqués existant dans les usines affectées à l'exploitation du monopole, ainsi que dans les magasins appartenant à la Compagnie, lesquels sont désignés au tableau ci-annexé.

Les quantités libérées d'impôt seront considérées comme faisant partie des stocks au sujet de l'écoulement desquels la Compagnie a déclaré, par l'article 2 de la présente convention, assumer la responsabilité de toutes les conséquences pouvant résulter du maintien desdits stocks dans la consommation ; par suite, ces quantités ne devront donner lieu ni à aucune restitution de droits, ni à aucune atténuation sur le montant de la redevance fixe de l'année 1875. Toutefois, les allumettes suédoises que la Compagnie a introduites en France, et pour lesquelles elle a, par anticipation, acquitté les droits, sans les livrer à la consommation, feront l'objet d'un inventaire particulier dans les magasins ci-dessus spécifiés, et il sera tenu compte à la Compagnie du droit correspondant aux timbres et vignettes, qui seront reconnus sur les boîtes à sa marque existant encore au 31 décembre 1874. Les quantités qui feront l'objet de la restitution dont il s'agit seront portées, au fur et à mesure de leur mise en consommation, au compte des allumettes en bois dites *allumettes de luxe*.

Quant aux quantités non libérées d'impôt, pour lesquelles le droit est garanti par une caution, elles donneront lieu, d'une part, à la décharge des droits fixés par les lois des 4 septembre 1871 et 22 janvier 1872, et, d'autre part, elles seront immédiatement portées (suivant le type auquel elles se rattacheront ou en raison de leur destination pour l'exportation), soit au compte des allumettes exportées, soit aux divers comptes qui seront ouverts, ainsi qu'il a été expliqué ci-dessus, pour le calcul des redevances supplémentaires afférentes à une consommation de plus de quarante-deux milliards.

Art. 8. — Par dérogation à l'article 6 du cahier des charges, la redevance spéciale due à l'État sur les allumettes exportées sera réduite comme il suit :

Allumettes en bois, $0^f\,008^m$ par mille allumettes, au lieu de $0^f\,016^m$;

Allumettes en cire, $0^f\,04^c$ par mille allumettes, au lieu de $0^f\,09^c$.

Cette atténuation ne sera appliquée de plein droit que pendant le cours de la première période quinquennale. Le

Ministre des finances aura le droit, pour les périodes suivantes, d'élever le taux de la redevance dont il s'agit, sans toutefois dépasser les maxima fixés par le cahier des charges.

La Compagnie est autorisée, sur sa demande, à fabriquer indistinctement, dans chacune des usines affectées à l'exploitation du monopole soit pour l'exportation, soit pour la consommation intérieure. Toutefois, les boîtes contenant des allumettes destinées à l'exportation devront être placées dans des magasins complétement séparés de ceux où seront déposées les allumettes à consommer en France. Enfin, les chargements devront être expédiés dans des caisses plombées par les agents de la régie et accompagnés d'un acquit-à-caution qui sera déchargé à la frontière.

Art. 9. — Après établissement du compte relatif aux approvisionnements en matières premières et produits fabriqués rachetés chez les anciens fabricants et qui lui ont été livrés par l'État, la Compagnie versera immédiatement au Trésor la valeur de ceux des approvisionnements qui auront été mis en consommation. Le solde de ce compte sera remboursé en même temps que le premier terme mensuel de la redevance fixe pour l'année 1875, soit le 1er mai 1875.

Art. 10. — La Compagnie concessionnaire est autorisée à compléter, pour parfaire l'ensemble des moyens de production nécessaires à l'exploitation du monopole, deux fabriques situées, la première, à Bordeaux (Bègles), et la seconde, à Châlon-sur-Saône.

En ce qui touche la première de ces usines, la somme à mettre à la disposition de la Compagnie sera déterminée au vu des plans et devis dressés par un ingénieur des manufactures de l'État, devis qui fera connaître les aménagements nécessités par l'affectation à la fabrication des allumettes de l'usine dite *de la Ferrade*, autrefois destinée à la préparation des conserves alimentaires, et dont l'Etat a été déclaré adjudicataire le 25 août dernier.

Quant à la seconde fabrique, la somme à mettre à la disposition de la Compagnie, pour lui permettre d'agrandir et de compléter l'usine déjà exploitée par elle à Châlon-sur-

Saône, sera déterminée dans les mêmes conditions que pour l'usine dite *de la Ferrade*.

En aucun cas, les crédits à ouvrir à la Compagnie en vertu des dispositions qui précèdent, pour l'acquisition des terrains, la construction des bâtiments et le prix de l'outillage, ne pourront dépasser la somme de sept cent mille francs.

La Compagnie devra exécuter les plans et devis qui auront été approuvés par le Ministre des finances, sur la proposition du directeur général des manufactures de l'État, et justifier ensuite de la dépense effectuée par la production de pièces et de mémoires en due forme.

Art. 11. — Les dispositions du paragraphe 8 de l'article 1er du cahier des charges sont modifiées en ce sens que l'État remboursera à la Compagnie, à l'expiration de la concession, la valeur des immeubles et du matériel acquis, ainsi que des constructions effectuées. Toutefois, ce remboursement ne sera obligatoire que si la Compagnie a obtenu préalablement l'agrément du Ministre des finances pour les acquisitions, constructions et additions projetées. La valeur à rembourser sera établie, au jour de l'expiration de la concession, dans les conditions déterminées par le paragraphe 5 de l'article 2 du cahier des charges.

Art. 12. — Sont maintenues toutes les dispositions du cahier des charges approuvé par le Ministre des finances, le 5 septembre 1872, auxquelles il n'est pas expressément dérogé par la présente convention.

Les difficultés auxquelles pourraient donner lieu l'exécution et l'interprétation des clauses de la présente convention seront jugées dans les conditions déterminées par l'article 12 du cahier des charges.

Art. 13. — Les dispositions de la présente convention qui constituent soit un engagement financier de l'État, immédiat ou éventuel, vis-à-vis de la Compagnie concessionnaire, soit une dérogation aux stipulations financières résultant du cahier des charges et de l'adjudication du 12 octobre 1872, restent soumises à la ratification de l'Assemblée nationale. Toutefois, dans le cas où cette ratification n'aurait pu être obtenue avant le 1er janvier 1875, les dispositions dont il s'agit n'en seraient pas moins mises en vigueur à cette époque, sous réserve des droits respectifs des parties, et sauf à rechercher, en cas de rejet, les combinaisons propres à concilier les intérêts de l'Etat et ceux de la Compagnie concessionnaire.

Art. 14. — La présente convention sera enregistrée au droit fixe de un franc cinquante centimes, par application de l'article 4 de la loi du 15 mars 1873.

Fait à Paris, le 11 décembre 1874, en deux originaux.

Approuvé l'écriture :

Signé : Bon Alphonse Mallet.

Approuvé l'écriture :
Signé : Mathieu-Bodet.

Approuvé l'écriture :
Signé : Monchicourt.

Enregistré à Paris, bureau des actes administratifs, le 12 décembre 1874, folio 100 recto, cases 7 et suivantes. Reçu un franc cinquante centimes et trente-huit centimes pour deux décimes et demi. Signé : *Varnier.*

Vu pour être annexé à la loi adoptée par l'Assemblée nationale dans sa séance du 28 janvier 1875.

Le Président
Signé : L. Buffet.

Les Secrétaires
Signé : Félix Voisin, Vandier, T. Duchatel, Louis de Ségur.

ANNEXE A L'ARTICLE 7 DE LA CONVENTION ENTRE L'ÉTAT ET LA COMPAGNIE GÉNÉRALE DES ALLUMETTES CHIMIQUES (11 décembre 1874.)

Tableau des magasins de la Compagnie.

LOCALITÉS.	ADRESSES.	NOMS des magasiniers ou gérants.
Paris.....	1° Rue d'Allemagne, n° 151 (ancienne usine *Bernhardt*).............. 2° Rue d'Hautpoul, 17 (ancienne usine *Goupil*).....................	MM. *Dheu,* directeur de l'usine d'Aubervilliers.
	3° Rue de Meaux, n° 31...........	*O. Maggiar.*
Bellac....	Immeuble appartenant à MM. *de Laborderie* et *Thouraud*.	*Boissé,* directeur de l'usine de Bellac.
Bordeaux.	1° Rue de Belleville, n° 165........	*Degraaf, Duval* et Compagnie.
	2° Rue Dubourdieu, n°ˢ 40 et 42....	*Braulio-Poc.*
Le Havre.	Rue de Bapaume, n° 67.............	*Irasque* et Compagnie.
Nantes...	Rue Arche-de-Mauves..............	*Rimmel,* directeur de la fabrique de Nantes.
Marseille.	1° Domaine Granoux, boulevard National, n° 385................ 2° Ancienne usine *Meiffren* et Compagnie, boulevard National, 189.. 3° Ancienne usine *Germain* et Compagnie, chemin du Rouet, n° 29..	*Réné de Saint-Foix,* agent de la Compagnie générale des allumettes chimiques à Marseille.

LOI DU 28 AVRIL 1816

ARTICLES VISÉS PAR LA LOI DU 28 JANVIER 1875

Art. 222. — Ceux qui seront trouvés vendant en fraude du tabac à leur domicile, ou ceux qui en colporteront, qu'ils soient ou non surpris à le vendre, seront arrêtés et constitués prisonniers, et condamnés à une amende de trois cents francs à mille francs, indépendamment de la confiscation des tabacs saisis, de celle des ustensiles servant à la vente, et, en cas de colportage, de celle des moyens de transport, conformément à l'article 216.

Art. 223. — Les employés des contributions indirectes, des douanes ou des octrois, les gendarmes, les préposés forestiers, les gardes champêtres, et généralement tout employé assermenté, pourront constater la vente des tabacs en contravention à l'article 172, le colportage, les circulations illégales, et généralement les fraudes sur le tabac ; procéder à la saisie des tabacs, ustensiles et mécaniques prohibés par la présente loi, à celle des chevaux, voitures, bateaux et autres objets servant au transport, et constituer prisonniers les fraudeurs et colporteurs, dans le cas prévu par l'article précédent.

DÉCRET DU 1ᴱᴿ FÉVRIER 1875

Le Président de la République française,

Vu la loi du 2 août 1872 constitutive du monopole des allumettes chimiques;

Vu l'article 2 de la loi du 15 mars 1873 relative à la vente des allumettes chimiques dites de luxe;

Vu le décret du 30 décembre 1874;

Sur le rapport du Ministre des finances,

Décrète :

Art. 1er. — Le prix de vente des types d'allumettes de luxe ci-après déterminés est arrêté comme suit :

ALLUMETTES EN BOIS.

I. *Bois carré trempé en presse.*

	Prix de vente.
A. Paquet par 500 allumettes . . . . Fr.	0 40
B. Paquet par 1,000 allumettes	0 80
C. Boîte ménagère par 500 allumettes	0 45

III. *Bois rond trempé en presse.*

A. Boîte ménagère par 500 allumettes	0 45

Art. 2. — Le Ministre des finances est chargé de l'exécution du présent décret, qui sera inséré au *Bulletin des lois*.

Fait à Versailles, le 1er février 1875.

Mal DE MAC-MAHON, duc DE MAGENTA.

Par le Président de la République :

Le Ministre des finances,

MATHIEU-BODET.

LOI

RELATIVE A LA RÉPRESSION DE LA FRAUDE
DANS LA FABRICATION ET LA VENTE DES ALLUMETTES CHIMIQUES

Du 28 juillet 1875.

(Promulguée au *Journal officiel* du 31 juillet 1875.)

L'Assemblée nationale a adopté la loi dont la teneur suit :

Art. 1er. — Les articles 217, 218 et 237 de la loi du 28 avril 1816 sont applicables à la détention des allumettes chimiques. Toutefois, la quantité admise à titre de provision ne peut excéder un kilogramme (1 kilogr.), à moins que les allumettes chimiques ne soient revêtues des marques légales.

Cette limite de 1 kilogramme n'est pas applicable aux débitants de boissons, cafetiers, aubergistes, hôteliers, ni aux commerçants mettant gratuitement des allumettes chimiques à la disposition de leurs clients, à l'égard des produits tenus ostensiblement à la disposition du consommateur ; mais ceux qui sont trouvés détenteurs d'allumettes chimiques de provenance frauduleuse sont passibles des peines édictées par l'article 222 de la loi du 28 avril 1816, rendu applicable à la vente et au colportage des allumettes chimiques par l'article 3 de la loi du 28 janvier 1875.

Art. 2. — Tout individu convaincu de fabrication frauduleuse d'allumettes chimiques, est puni d'une amende de trois cents francs à mille francs (300 fr. à 1,000 fr.).

Les allumettes, ainsi que les instruments, ustensiles et matières servant à la fabrication, sont saisis et confisqués.

En cas de récidive, le contrevenant sera condamné à un emprisonnement de six jours à six mois.

Art. 3. — La détention des ustensiles, instruments ou mécaniques affectés à la fabrication des allumettes chimiques, et, en même temps, des matières nécessaires pour cette fabrication, ou la détention des pâtes phosphorées propres à la fabrication des allumettes chimiques, est punie des mêmes peines.

Délibéré en séance publique, à Versailles, le 28 juillet 1875.

Le Président,

Signé : duc D'Audiffret-Pasquier.

Les Secrétaires,

Signé : Félix Voisin, Duchatel, Louis de Ségur, Étienne Lamy.

Le Président de la République promulgue la présente loi.

M^{al} DE MAC-MAHON,

Duc DE MAGENTA.

Le Ministre des finances,

Léon Say.

LOI DU 28 AVRIL 1816

ARTICLES VISÉS PAR LA LOI DU 28 JUILLET 1875

Art. 217. — Nul ne peut avoir en sa possession des tabacs en feuille s'il n'est cultivateur dûment autorisé.

Nul ne peut avoir en provision des tabacs fabriqués autres que ceux des manufactures royales, et cette provision ne peut excéder dix kilogrammes, à moins que les tabacs ne soient revêtus des marques et vignettes de la régie.

Art. 218. — Les contraventions à l'article précédent seront punies de la confiscation et, en outre, d'une amende de dix francs par kilogramme de tabac saisi. Cette amende ne pourra excéder la somme de trois mille francs, ni être au-dessous de cent francs.

Art. 237. — En cas de soupçon de fraude à l'égard des particuliers non sujets à l'exercice, les employés pourront faire des visites dans l'intérieur de leurs habitations, en se faisant assister du juge de paix, du maire, de son adjoint ou du commissaire de police, lesquels seront tenus de déférer à la réquisition qui leur en sera faite et qui sera transcrite en tête du procès-verbal. Ces visites ne pourront avoir lieu que d'après l'ordre d'un employé supérieur, du grade de contrôleur au moins, qui rendra compte des motifs au directeur du département.

Les marchandises transportées en fraude qui, au moment d'être saisies, seraient introduites dans une habitation pour les soustraire aux employés, pourront y être suivies par eux, sans qu'ils soient tenus, dans ce cas, d'observer les formalités ci-dessus prescrites.

DÉCRET DU 10 AOUT 1875

Le Président de la République,

Vu l'article 3 de la loi du 28 janvier 1875, qui rend applicables aux contraventions aux lois et règlements concernant le monopole des allumettes les dispositions relatives à la répression de la fraude sur les tabacs, contenues dans les articles 222 et 223 de la loi du 28 avril 1816 ;

Sur le rapport du Ministre des finances,

Décrète :

Art. 1er. — Les préposés dénommés en l'article 223 de la loi du 28 avril 1816, qui arrêteront les individus vendant en fraude des allumettes, à leur domicile, ou en colportant, qu'ils soient ou non surpris à les vendre, recevront une prime de 10 francs par chaque personne arrêtée, quel que soit le nombre des saisissants.

Art. 2. — La prime accordée par l'article précédent ne sera due qu'autant que les contrevenants auront été constitués prisonniers ou que, amenés soit devant le directeur des contributions indirectes, soit devant le représentant de la Compagnie concessionnaire du monopole, ils auront fourni caution ou auront été admis à transaction. Elle sera toujours partagée par tête, sans acception de grade et sans que, sur le montant, il puisse être fait déduction d'aucuns frais.

Art. 3. — Ladite prime sera payée, dans tous les cas où elle sera due, par la Compagnie concessionnaire du monopole.

Art. 4. — Le Ministre des finances est chargé de l'exécution du présent décret, qui sera inséré au *Bulletin des lois*.

Fait à Versailles, le 10 août 1875.

Signé : M^{al} DE MAC-MAHON.

Par le Président de la République :

Le Ministre des finances,

Signé : LÉON SAY.

IMP. CENTRALE DES CHEMINS DE FER — A. CHAIX ET Cⁱᵉ, RUE BERGÈRE, 20, A PARIS — 4855-8.

9 782019 633677